Aveah J Smith

Notre humanité partagée :

Décomposition Racisme et islamophobie

Table des matières

1. Accès à une éducation de qualité

2. Curriculum adapté à la culture

Opportunités d'emploi et autonomisation économique

1. Égalité des chances en matière d'emploi

2. Soutien à l'entrepreneuriat et aux petites entreprises

Autonomisation par la représentation et le leadership

1. Représentation dans les fonctions publiques

2. Programmes de développement du leadership

Intersectionnalité et initiatives de soutien

1. Lutter contre la marginalisation multiple

2. Initiatives de soutien

Alliance et Solidarité

1. Construire des alliances

2. Plaidoyer intersectionnel

Chapitre 7

Embrasser la diversité et les échanges culturels

L'importance de l'empathie

1. Cultiver l'empathie

2. Empathie dans la résolution des conflits

Introduction

Dans un monde marqué par la diversité, la tapisserie de l'humanité tisse d'innombrables fils de culture, de race et de religion. Notre humanité partagée est le lien unificateur qui transcende ces différences, nous reliant tous en tant que membres de la même famille mondiale. Cependant, le cheminement vers l'adhésion à cette identité collective a été gâché par les défis persistants du racisme et de l'islamophobie.

Le racisme, dont les racines sont profondément ancrées dans l'histoire, continue de perpétuer les notions de supériorité et d'infériorité entre les différents groupes raciaux. Ce préjugé profondément enraciné a conduit à la discrimination, à l'injustice et à un profond sentiment d'aliénation pour ceux qui se retrouvent marginalisés par les perceptions déformées de la société.

De même, l'islamophobie, motivée par des idées fausses et des stéréotypes sur l'islam et ses adeptes, jette une ombre noire sur les musulmans du monde entier. Elle favorise une atmosphère de peur et de méfiance, entravant les efforts visant à construire des ponts de compréhension et d'unité.

Les conséquences du racisme et de l'islamophobie sont considérables, affectant à la fois les individus et les sociétés. Les victimes de ces préjugés endurent des souffrances émotionnelles et psychologiques, tandis que les divisions sociales entravent le développement de communautés inclusives et compatissantes. Des disparités économiques apparaissent également, car les opportunités sont limitées pour ceux qui sont injustement perçus comme différents.

Cependant, malgré ces défis, il y a de l'espoir. L'humanité a fait preuve d'une résilience remarquable et d'un esprit inébranlable pour affronter l'injustice et rechercher un avenir meilleur et plus harmonieux. Nous avons le pouvoir de démanteler les murs des préjugés et de les remplacer par le fondement de l'empathie, du respect et de l'acceptation.

Dans cette exploration de "Notre humanité partagée : briser le racisme et l'islamophobie", nous nous pencherons sur les causes, les conséquences et les solutions potentielles pour combattre ces idéologies destructrices. En comprenant les origines et l'impact du racisme et de l'islamophobie, nous pouvons commencer à démanteler les barrières qu'ils créent. Grâce à l'éducation et à la sensibilisation, nous pouvons remettre en question les stéréotypes et les idées fausses qui alimentent les préjugés. Le dialogue et la communication ouvriront la voie à la construction de ponts entre les communautés, favorisant l'empathie et la compréhension.

La législation et les politiques inclusives jouent un rôle essentiel pour faire prévaloir l'égalité et la justice, en sauvegardant les droits et la dignité de chaque individu.

L'autonomisation des communautés

marginalisées sera essentielle pour éradiquer la discrimination systémique, offrant des opportunités de croissance et de progrès.

Embrasser la diversité et s'engager dans des échanges culturels enrichiront nos perspectives, nous permettant de célébrer la beauté des différences et de chérir notre humanité commune. Ensemble, nous avons la capacité de créer un monde où le racisme et l'islamophobie ne sont que des reliques du passé, remplacées par une étreinte globale de l'unicité de l'autre.

Alors que nous entamons ce voyage, rappelons-nous qu'il est de notre responsabilité collective de créer une société où chaque individu est valorisé, respecté et célébré pour sa contribution à notre humanité commune. Grâce à des efforts unis, nous pouvons forger un chemin vers un avenir marqué par la compassion, l'inclusivité et une profonde appréciation de la mosaïque de cultures qui enrichissent notre monde.

Chapitre 1

Racisme et islamophobie

Comprendre le racisme

Le racisme est un système de croyance complexe et profondément enraciné qui affirme la supériorité d'un groupe racial sur les autres. Elle se manifeste sous diverses formes, notamment les préjugés individuels, la discrimination systémique et les inégalités structurelles. Historiquement, le racisme a été utilisé pour justifier la colonisation, l'esclavage et d'autres formes d'oppression. Aujourd'hui, il continue de faire son chemin, perpétuant les stéréotypes et favorisant une atmosphère d'animosité et de division.

Racines historiques du racisme

L'examen des origines historiques du racisme nous aide à saisir son impact durable sur la société contemporaine. De la traite transatlantique des esclaves à l'exploitation des populations indigènes à l'époque coloniale, le racisme a laissé un héritage de douleur et de souffrance. Comprendre cette histoire est crucial pour démanteler le racisme institutionnalisé qui existe encore dans de nombreuses régions du monde.

Formes de racisme

Le racisme prend diverses formes, allant d'actes explicites de discrimination à des préjugés subtils qui influencent les processus décisionnels. Il est essentiel de reconnaître ces différentes expressions du racisme pour les aborder et les combattre efficacement.

Le phénomène de l'islamophobie

L'islamophobie est une manifestation spécifique de préjugés, de peur et de haine dirigés contre l'islam et les musulmans. Elle est apparue comme un problème de premier plan au lendemain des attentats du 11 septembre et s'est depuis intensifiée en réponse aux événements géopolitiques. L'islamophobie est souvent alimentée par l'ignorance, les stéréotypes et le manque de compréhension des croyances et des pratiques islamiques.

Origines et causes de l'islamophobie

Explorer les origines et les causes de l'islamophobie peut faire la lumière sur les facteurs complexes qui contribuent à sa prévalence. Les fausses déclarations des médias, la rhétorique politique et la peur de l'inconnu jouent tous un rôle dans la perpétuation de ce phénomène.

Impact sur les communautés musulmanes

L'impact de l'islamophobie s'étend au-delà du niveau individuel, affectant des communautés musulmanes entières. Les crimes haineux, la discrimination sur le lieu de travail et l'érosion des libertés civiles font partie des nombreux défis auxquels sont confrontés les musulmans face à ces préjugés.

Intersections du racisme et de l'islamophobie

Comprendre l'intersectionnalité entre le racisme et l'islamophobie est essentiel pour comprendre les expériences des individus qui sont confrontés à des préjugés aggravés en raison de leur identité raciale et religieuse. Cette perspective intersectionnelle souligne la nécessité d'approches nuancées et inclusives pour lutter contre la discrimination.

Double marginalisation

Les personnes qui sont à la fois des minorités raciales et des adeptes de l'islam peuvent être confrontées à une double marginalisation. Leurs expériences peuvent différer de celles des personnes confrontées individuellement au racisme ou à la discrimination religieuse.

Reconnaître les intersections entre le racisme et l'islamophobie ouvre des voies pour renforcer la solidarité entre les communautés marginalisées. Les efforts de collaboration peuvent amplifier les voix, remettre en question les stéréotypes et créer un front plus uni contre la discrimination.

En conclusion, en comprenant ces enjeux, nous jetons les bases pour développer des stratégies efficaces pour briser ces barrières et promouvoir un monde ancré dans l'inclusivité, le respect et la compréhension. Dans les chapitres suivants, nous approfondirons les conséquences de ces

préjugés et explorerons les moyens de les

combattre, en travaillant ensemble pour

favoriser une véritable humanité partagée.

Chapitre 2

Les conséquences des préjugés

Effets individuels et psychologiques

1. Détresse émotionnelle et santé mentale

Le racisme et l'islamophobie infligent une détresse émotionnelle aux personnes visées par ces préjugés. Une exposition constante à la discrimination, aux stéréotypes et à la rhétorique haineuse peut entraîner des sentiments d'anxiété, de dépression et une diminution de l'estime de soi. Le bilan psychologique des préjugés peut avoir un impact sur la santé mentale et le bien-être, affectant à la fois les adultes et les jeunes.

2. Préjugés intériorisés

Dans certains cas, les personnes victimes de racisme ou d'islamophobie peuvent intérioriser les croyances négatives projetées sur elles. Cette intériorisation peut conduire à une perception de soi déformée et à une lutte pour concilier son identité avec les attentes de la société, entraînant des sentiments de honte ou de haine de soi.

Impacts sociaux et économiques

1. Division sociale et polarisation

Les préjugés favorisent les divisions et la polarisation sociales, créant une mentalité « nous contre eux » qui entrave l'unité et la coopération entre les divers groupes. Cette division peut conduire à des troubles sociaux, à la méfiance et à une érosion de la cohésion sociale.

2. Disparités économiques

Le racisme et l'islamophobie peuvent entraîner des disparités économiques, empêchant les communautés marginalisées d'accéder à l'égalité des chances en matière d'éducation, d'emploi et de logement. En conséquence, les personnes confrontées à des préjugés peuvent connaître une mobilité économique réduite, perpétuant des cycles de pauvreté et d'inégalité.

Discrimination systémique et injustice

1. Racisme institutionnel et islamophobie

Les préjugés ne se limitent pas aux attitudes individuelles ; elle peut être intégrée dans les institutions et les systèmes. Le racisme institutionnel et l'islamophobie sont perpétués par des politiques, des pratiques et des structures qui désavantagent certains groupes raciaux ou religieux, limitant leur accès aux ressources et aux opportunités.

2. Impact sur l'éducation et les soins de santé

Les communautés touchées par le racisme et l'islamophobie peuvent rencontrer des disparités dans l'accès à une éducation et à

des soins de santé de qualité. L'inégalité des

chances en matière d'éducation et

l'inadéquation des services de santé

contribuent à accroître la marginalisation et

entravent le progrès social.

Crimes de haine et violence

1. La montée des crimes haineux

Les préjugés peuvent se manifester par des

crimes haineux et des actes de violence

ciblant des individus en raison de leur race

ou de leur religion. Ces attaques motivées

par la haine suscitent la peur et la

vulnérabilité au sein des communautés

touchées, entraînant une rupture de la confiance et de la sécurité.

2. Traumatisme à long terme

Les victimes de crimes haineux et de violence peuvent vivre un traumatisme à long terme qui va au-delà du préjudice physique immédiat. De telles expériences traumatisantes peuvent avoir des effets psychologiques durables, impactant les individus et leurs familles pour les années à venir.

En conclusion, il est crucial de reconnaître la gravité de ces conséquences pour galvaniser les efforts collectifs dans la lutte contre les

préjugés et la promotion d'une société plus
inclusive et plus compatissante.

Dans les chapitres suivants, nous
approfondirons les stratégies pour défier les
stéréotypes, promouvoir la compréhension
et autonomiser les communautés
marginalisées. En s'attaquant aux causes
profondes des préjugés et à leurs effets, nous
pouvons ouvrir la voie vers un avenir libéré
des chaînes de la discrimination, embrassant
la richesse de la diversité et de l'unité dans
notre humanité commune.

chapitre 3

Combattre les stéréotypes et les idées fausses

Le pouvoir de l'éducation et de la sensibilisation

1. Promouvoir l'éducation culturelle

L'éducation culturelle joue un rôle essentiel dans la remise en question des stéréotypes et des idées fausses. En intégrant diverses perspectives dans les programmes d'études, les élèves peuvent développer une compréhension plus large des différentes cultures, favorisant l'empathie et le respect.

2. Éducation aux médias et pensée critique

La promotion de l'éducation aux médias permet aux individus de discerner et de remettre en question les représentations biaisées dans les médias. Encourager la pensée critique aide les gens à analyser l'information objectivement, réduisant ainsi l'influence des stéréotypes perpétués par diverses plateformes médiatiques.

Représentation des médias et son influence

1. Représentation médiatique diversifiée et inclusive

Plaider pour une représentation médiatique diversifiée et inclusive est essentiel pour combattre les stéréotypes et contrecarrer les représentations négatives. Une représentation positive des minorités raciales et religieuses dans les médias peut remettre en question les idées préconçues et favoriser un sentiment d'appartenance.

2. Reportage et journalisme responsables

Encourager les reportages et le journalisme responsables garantit que les médias présentent des informations impartiales et exactes sur les différentes cultures et croyances religieuses. Les journalistes ont le

pouvoir de façonner la perception du public,
ce qui rend le journalisme éthique essentiel
pour lutter contre les idées fausses.

Dialogue et communication

1. Créer des espaces sûrs pour le dialogue

Favoriser des espaces de dialogue ouverts,
sûrs et respectueux permet à des personnes
d'horizons divers de partager leurs
expériences et leurs points de vue. Une
communication honnête aide à briser les
barrières et humanise les personnes touchées
par les préjugés.

2. Construire des ponts interreligieux et intercommunautaires

La promotion du dialogue interreligieux et intercommunautaire améliore la compréhension et la coopération entre les différents groupes religieux. Engager des conversations sur des valeurs partagées et des objectifs communs cultive l'unité et combat les stéréotypes.

Empathie et prise de perspective

1. Pratiquer l'empathie

L'empathie est un outil puissant pour défier les stéréotypes et favoriser la compréhension. En se mettant à la place de quelqu'un d'autre, les individus peuvent se connecter émotionnellement aux expériences des autres, brisant ainsi les préjugés.

2. Exercices de prise de perspective

S'engager dans des exercices de prise de perspective aide les individus à développer une vision du monde plus large, transcendant leurs propres préjugés. Ces exercices peuvent être intégrés dans des contextes éducatifs, des lieux de travail et des communautés.

Plaidoyer et alliance

1. Plaidoyer actif contre les préjugés

Les individus peuvent devenir des défenseurs du racisme et de l'islamophobie en dénonçant activement la discrimination et en promouvant l'inclusion dans leurs sphères d'influence.

2. Alliance et Solidarité

Soutenir les communautés marginalisées par l'alliance et la solidarité démontre un engagement à défier les stéréotypes et à œuvrer pour une société plus équitable.

En conclusion, l'éducation, la représentation médiatique et un dialogue honnête sont des outils puissants pour briser les préjugés et favoriser l'empathie. En prônant la diversité et l'inclusivité, en pratiquant l'empathie et en

devenant des alliés, les individus peuvent

contribuer à bâtir une société qui embrasse

la richesse de notre humanité commune.

Dans les chapitres suivants, nous

explorerons le rôle de la législation, des

politiques et des initiatives d'autonomisation

dans la création d'un monde plus équitable

pour tous.

Chapitre 4

Promouvoir le dialogue et la communication

Importance du discours respectueux

1. Créer des espaces sûrs

La création d'espaces de dialogue sûrs permet aux individus d'exprimer leurs points de vue sans crainte de jugement ou d'hostilité. Un discours respectueux est le fondement de conversations productives qui remettent en question les préjugés et les idées fausses.

2. Écoute active

L'écoute active est essentielle pour favoriser le dialogue. En écoutant attentivement et en reconnaissant les expériences des autres, nous validons leurs points de vue et démontrons de l'empathie, favorisant une meilleure compréhension les uns des autres.

Favoriser la compréhension et l'empathie

1. Partager des récits personnels

Partager des récits personnels peut être un moyen puissant d'humaniser les personnes touchées par le racisme et l'islamophobie. Entendre des expériences de première main favorise l'empathie et dissipe les stéréotypes.

2. Échanges interculturels

L'organisation d'échanges interculturels permet à des personnes d'horizons différents de s'engager dans des interactions significatives. Cette exposition à diverses cultures favorise la compréhension et l'appréciation du caractère unique de chacun.

Lutter contre les préjugés inconscients

1. Reconnaître les préjugés inconscients

Les préjugés inconscients affectent tout le monde dans une certaine mesure. La sensibilisation à ces préjugés est cruciale pour remettre en question les attitudes préjudiciables et créer une société plus équitable.

2. Formation et éducation sur les préjugés

La formation et l'éducation sur les préjugés peuvent aider les individus à confronter leurs préjugés inconscients, leur permettant de s'engager dans une communication plus inclusive et respectueuse.

Combler les divisions

1. Construire des ponts entre les communautés

Promouvoir le dialogue entre des communautés historiquement divisées aide à briser les barrières et à favoriser la confiance et la coopération.

2. Initiatives interreligieuses et interculturelles

Les initiatives interreligieuses et interculturelles facilitent les liens entre divers groupes religieux et culturels, favorisant la compréhension et la coopération.

Diffuser les tensions

1. Techniques de désescalade

Dans les discussions où des tensions peuvent survenir, les techniques de désescalade sont précieuses pour maintenir un environnement calme et productif.

Dans les conversations complexes, des médiateurs ou des animateurs formés peuvent aider à guider les discussions, en veillant à ce que toutes les voix soient entendues et que les conflits soient traités de manière constructive.

En conclusion, le discours respectueux, l'écoute active et l'empathie sont fondamentaux pour faire tomber les barrières et dissiper les idées fausses. Lutter contre les préjugés inconscients et construire des ponts entre les communautés sont des étapes essentielles pour favoriser la compréhension et la coopération. En diffusant les tensions et en encourageant un dialogue ouvert, nous créons des opportunités de conversations transformatrices qui mènent à une société plus inclusive et harmonieuse. Dans les chapitres suivants, nous explorerons le rôle de la législation, des politiques et des initiatives d'autonomisation dans la poursuite de la lutte contre les préjugés et la discrimination.

Chapitre 5

Législation et politique

Lois anti-discrimination

1. Le rôle des protections juridiques

Les lois anti-discrimination jouent un rôle crucial dans la lutte contre le racisme et l'islamophobie. Ces lois interdisent la discrimination fondée sur la race, la religion ou l'origine ethnique et offrent un recours juridique aux victimes de préjugés.

2. Renforcement de l'application

L'application efficace des lois anti-discrimination est essentielle pour garantir leur impact. Des ressources et des mécanismes adéquats pour signaler et traiter la discrimination doivent être en place pour protéger les individus contre un traitement injuste.

Des politiques inclusives pour une société diversifiée

1. Diversité et représentation

Les politiques inclusives devraient promouvoir la diversité et la représentation dans divers secteurs, y compris le gouvernement, l'éducation et les lieux de travail. Une représentation diversifiée favorise un processus décisionnel plus inclusif et réduit les préjugés.

2. Services culturellement compétents

La création de services culturellement compétents dans les domaines de la santé, de l'éducation et des services sociaux garantit que les personnes d'origines différentes reçoivent un traitement égal et respectueux.

Éducation pour l'égalité

1. Intégrer l'éducation anti-discrimination

L'intégration de l'éducation anti-discrimination dans les programmes scolaires contribue à sensibiliser au racisme et à l'islamophobie dès le plus jeune âge. L'éducation favorise l'empathie, la tolérance et l'acceptation parmi la jeune génération.

2. Éduquer les fonctionnaires et les forces
    de l'ordre

La formation des agents publics, y compris

les policiers et le personnel judiciaire, aux

compétences culturelles et aux pratiques

anti-discriminatoires est essentielle pour

garantir un traitement équitable et éliminer

les préjugés au sein du système judiciaire.

Lutte contre le discours de haine et les crimes de haine

1. Législation sur le discours de haine

Une législation doit être en place pour lutter

contre le discours de haine, en veillant à ce

que le discours public reste respectueux et

exempt d'incitation à la violence ou à la discrimination.

2. Lois sur les crimes haineux et responsabilité

Des lois solides sur les crimes de haine tiennent les auteurs responsables de leurs actes, rendant justice aux victimes et dissuadant de futurs actes de violence motivés par des préjugés.

Approche intersectionnelle

1. Reconnaître l'intersectionnalité

Une approche intersectionnelle reconnaît que les individus peuvent être confrontés à de multiples formes de discrimination fondées sur la race, la religion, le sexe et d'autres facteurs. Les politiques doivent tenir compte de ces identités croisées pour fournir une protection complète.

2. Langage et pratiques inclusifs

Les politiques et la législation doivent utiliser un langage et des pratiques inclusifs qui tiennent compte des diverses expériences des communautés marginalisées et promeuvent l'égalité de traitement pour tous.

Enfin, les lois anti-discrimination offrent des protections essentielles, tandis que les politiques inclusives favorisent une société diversifiée et équitable. L'éducation est essentielle pour promouvoir l'égalité et l'empathie, des écoles aux institutions publiques. La lutte contre le discours de haine et les crimes de haine garantit la sécurité et le bien-être de tous les individus. Une approche intersectionnelle reconnaît la complexité de la discrimination et cherche à relever les défis uniques auxquels sont confrontés différents groupes marginalisés.

Dans les chapitres suivants, nous explorerons l'importance de l'autonomisation des communautés marginalisées et de la promotion de l'empathie par l'échange culturel et la solidarité. En abordant ces aspects à multiples facettes, nous pouvons

tendre vers un avenir où la discrimination

est éradiquée et où notre humanité commune

prévaut.

Chapitre 6

Autonomiser les communautés marginalisées

L'éducation comme outil d'autonomisation

1. Accès à une éducation de qualité
Veiller à ce que les communautés marginalisées aient accès à une éducation de qualité est essentiel pour briser le cycle de la discrimination. Des opportunités éducatives équitables permettent aux individus de poursuivre leurs rêves et de contribuer à la société.

2. Curriculum adapté à la culture

La mise en œuvre d'un programme culturellement pertinent aide les élèves de divers horizons à se voir reflétés dans leur éducation, favorisant un sentiment de fierté envers leur identité et leur patrimoine.

Opportunités d'emploi et autonomisation économique

1. Égalité des chances en matière d'emploi

Promouvoir l'égalité des chances en matière d'emploi pour les personnes marginalisées combat la discrimination sur le lieu de travail, leur permettant de poursuivre des carrières épanouissantes et d'accéder à l'indépendance économique.

2. Soutien à l'entrepreneuriat et aux petites
   entreprises

Soutenir l'entrepreneuriat et les petites
entreprises au sein des communautés
marginalisées peut stimuler la croissance
économique et créer des emplois, favorisant
l'autonomie et le développement
communautaire.

Autonomisation par la représentation et le leadership

1. Représentation dans les bureaux publics

Encourager la représentation des
communautés marginalisées dans les
bureaux publics garantit que leurs voix sont

entendues dans les processus de prise de décision , conduisant à des politiques et des initiatives plus inclusives.

2. Programmes de développement du leadership

Offrir des programmes de développement du leadership aux personnes issues de milieux marginalisés nourrit les futurs leaders qui peuvent défendre les besoins et les aspirations de leurs communautés.

Intersectionnalité et initiatives de soutien

1. Lutter contre la marginalisation multiple

Reconnaître et traiter l'intersectionnalité des identités est essentiel pour fournir un soutien

complet aux personnes confrontées à de
multiples formes de discrimination.

2. Initiatives de soutien

La mise en œuvre d'initiatives de soutien,
telles que des programmes de santé mentale,
des opportunités de mentorat et des réseaux
de soutien social, aide les individus à faire
face aux défis de la discrimination et à
renforcer leur résilience.

Alliance et Solidarité

1. Construire des alliances

Promouvoir l'alliance et la solidarité entre
les communautés marginalisées et leurs
alliés favorise un front uni contre la

discrimination et amplifie les voix

collectives pour le changement.

Plaider pour des politiques qui tiennent

compte des besoins et des expériences

uniques des différentes communautés

marginalisées renforce la lutte contre toutes

les formes de discrimination.

Grâce à l'accès à une éducation de qualité, à

des opportunités d'emploi et à une

représentation dans des rôles de leadership,

les personnes marginalisées peuvent faire

valoir leurs droits et contribuer au progrès

de la société. Reconnaître l'intersectionnalité

et promouvoir l'alliance crée de solides réseaux de soutien, favorisant l'unité dans la poursuite de l'égalité. En autonomisant les communautés marginalisées, nous créons un monde où chacun peut s'épanouir et contribuer à la célébration de notre humanité commune.

Dans le chapitre suivant, nous explorerons le pouvoir de l'empathie et de l'échange culturel dans la promotion de la compréhension et la construction de ponts entre diverses communautés. En promouvant l'empathie et en embrassant la diversité, nous ouvrons la voie à un monde

plus inclusif et plus compatissant.

Chapitre 7

Embrasser la diversité et les échanges culturels

L'importance de l'empathie

1. Cultiver l'empathie

Cultiver l'empathie est fondamental pour embrasser la diversité. En nous mettant à la place des autres, nous pouvons mieux comprendre leurs expériences et leurs points de vue, favorisant la compassion et la compréhension.

2. L'empathie dans la résolution des conflits

L'empathie joue un rôle crucial dans la résolution des conflits, permettant aux

individus de trouver un terrain d'entente et
de construire des ponts entre des points de
vue opposés.

Apprendre de l'échange culturel

1. Programmes d'échanges culturels

Les programmes d'échanges culturels
facilitent les interactions entre les individus
de divers horizons culturels, favorisant
l'apprentissage mutuel et l'appréciation des
traditions de chacun.

2. Faire tomber les stéréotypes
Grâce à l'échange culturel, les stéréotypes
peuvent être remis en question et
démantelés, car les individus font

directement l'expérience de la richesse et de
la complexité de différentes cultures.

Célébrer la diversité dans l'éducation et les médias

1. Éducation inclusive

Promouvoir une éducation inclusive qui célèbre la diversité contribue à créer une société plus tolérante et ouverte d'esprit, où les individus de tous horizons sont valorisés et respectés.

2. Médias divers et représentatifs

Les médias qui reflètent la diversité de la société favorisent un sentiment d'appartenance et brisent les stéréotypes, permettant une représentation plus précise des différentes cultures et communautés.

Encourager la communication interculturelle

1. Apprentissage des langues et multilinguisme

Encourager l'apprentissage des langues et le multilinguisme facilite la communication interculturelle, permettant aux individus de s'engager plus efficacement avec diverses communautés.

2. Compréhension interculturelle

La promotion de la compréhension interculturelle par le biais de dialogues et d'ateliers aide les individus à gérer les différences culturelles avec respect et avec une plus grande appréciation.

Adopter l'intersectionnalité

1. Reconnaître les identités interconnectées

Adopter l'intersectionnalité reconnaît que les individus ont des identités multiples, telles que la race, la religion, le sexe et l'ethnicité, qui façonnent leurs expériences et leurs perspectives.

2. Politiques inclusives et représentation

Les politiques et la représentation inclusives doivent tenir compte des expériences intersectionnelles des communautés marginalisées, en veillant à ce que personne ne soit laissé pour compte dans la poursuite de l'égalité.

En conclusion, grâce à l'empathie et aux échanges culturels, les individus peuvent acquérir une meilleure compréhension des différentes cultures, briser les stéréotypes et favoriser le respect mutuel. Célébrer la diversité dans l'éducation et les médias favorise l'inclusivité, tandis que la communication interculturelle facilite les interactions significatives. Adopter l'intersectionnalité garantit que les politiques et les initiatives tiennent compte des expériences uniques de tous les individus, promouvant un monde plus équitable et plus compatissant.

Dans le dernier chapitre, nous conclurons notre exploration en résumant les points clés et en réitérant l'appel à l'action pour éliminer le racisme et l'islamophobie afin d'embrasser pleinement notre humanité commune.

Chapitre 8

Conclusion

Notre humanité commune et son potentiel

"Notre humanité partagée : briser le racisme et l'islamophobie" a été un voyage d'exploration, de compréhension et d'espoir. Tout au long de ce discours, nous nous sommes penchés sur les racines et les conséquences du racisme et de l'islamophobie, reconnaissant l'impact dévastateur de ces préjugés sur les individus, les communautés et la société dans son ensemble. Cependant, au milieu de ces défis, nous avons également découvert le pouvoir de l'empathie, de l'éducation et des échanges culturels pour favoriser la compréhension et l'unité.

Appel à l'action pour un monde plus inclusif

Alors que nous réfléchissons aux

enseignements tirés de chaque chapitre, nous

nous rappelons l'importance de reconnaître notre humanité commune. Notre diversité n'est pas une source de division mais une source de force, enrichissant la tapisserie de l'expérience humaine. En remettant en question les stéréotypes et les idées fausses, en favorisant l'empathie et en promouvant le dialogue, nous pouvons briser les barrières qui nous séparent et construire des ponts de compréhension.

La législation et les politiques inclusives sont essentielles pour créer une société qui valorise et respecte chaque individu, quelle que soit sa race ou sa religion. Grâce à des lois anti-discrimination et à des initiatives éducatives, nous pouvons garantir un environnement juste et équitable où chaque voix est entendue et valorisée.

L'autonomisation des communautés marginalisées est une étape essentielle dans la lutte contre le racisme et l'islamophobie. En offrant un accès égal à l'éducation, aux opportunités d'emploi et à la représentation dans des rôles de leadership, nous donnons aux individus les moyens de lutter contre les préjugés et de contribuer à un changement positif.

Embrasser la diversité et s'engager dans des échanges culturels élargit nos horizons, nous permettant d'apprécier la beauté et la complexité des différentes cultures. En célébrant la diversité dans l'éducation et les médias, nous favorisons un environnement où chacun peut se sentir représenté et reconnu.

En conclusion, le voyage vers l'élimination du racisme et de l'islamophobie n'est pas un voyage qui peut être accompli du jour au lendemain, et ce n'est pas non plus la responsabilité de quelques privilégiés. Il s'agit d'un effort collectif qui appelle chacun de nous à être des agents de changement, favorisant l'empathie, la compassion et le respect dans nos interactions quotidiennes.

Alors que nous terminons cette exploration, laissons-nous inspirer par la vision d'un monde où notre humanité commune transcende nos différences. Combattons activement les préjugés, plaidons pour l'inclusivité et soyons solidaires avec les communautés marginalisées. Ensemble, nous pouvons créer un avenir où le racisme et l'islamophobie sont relégués aux annales de l'histoire, remplacés par une société qui embrasse la richesse de notre diversité et célèbre l'unité de notre humanité commune. Le chemin vers ce monde meilleur commence avec chacun de nous, en faisant de petits pas vers un avenir meilleur et plus inclusif. Embarquons ensemble dans ce voyage, unis dans notre engagement pour un monde sans discrimination ni préjugés.

www.ingramcontent.com/pod-product-compliance
Lightning Source LLC
Chambersburg PA
CBHW071052260726

48661CB00006B/2244